L'insupportable G.T.M.

texte

Be...

Castor Poche
Flammarion

PP
2663
A347J5x
1994

MAY 0 5 1995

© 1994 Castor Poche Flammarion
Imprimé en Italie - ISBN : 2-08-162971-2 - ISSN : 0993-7897

Chapitre 1

— Les enfants, crie Maman, venez dire bonjour à Grand-Tante Marguerite !

Stéphane et Jeanne échangent un regard sombre.

À cause de cette tante Marguerite, Jeanne a dû quitter sa chère-petite-chambre-adorée pour partager celle de son frère Stéphane. Celui-ci a onze ans et il n'est pas du tout ravi d'héberger une "gamine" de huit ans !

Et dire qu'il y en a pour un mois ! En effet, Grand-Tante Marguerite a vécu de nombreuses années en Australie. Elle revient habiter Paris mais n'aura son appartement que dans un mois.

Enfin, il faut bien aller lui dire bonjour. En espérant qu'elle est sympa…

Jeanne s'avance la première. Elle est très intimidée par cette vieille dame au chignon serré qui la regarde fixement par-dessus ses grosses lunettes.

– Bonjour, dit Jeanne, à voix basse.
– On dit "Bonjour Grand-Tante Marguerite", mon enfant. Et parle plus fort, n'est-ce pas, on t'entend à peine, c'est très fatigant pour les grandes personnes, n'est-ce pas.

Tout cela est dit d'une voix douce, mais tout de même, ça commence mal ! Jeanne a bien envie de retourner dans sa chambre immédiatement. Mais non, c'est vrai, elle n'a plus de chambre…

Stéphane a compris la leçon et lance sur un ton de grande personne :
– Bonjour Grand-Tante Marguerite !

Il ne reçoit en échange qu'un "Bon-jour mon garçon" accompagné d'un petit baiser tout sec sur le haut du front.

Pour détendre l'atmosphère, Maman propose à Grand-Tante Marguerite de lui montrer sa chambre.

– SA chambre… tu parles, grogne Jeanne.

– Dis donc, c'est pas le genre rigolo-rigolo, la Grand-Tante Marguerite, se moque Stéphane.

Tous les deux commencent à être un peu inquiets.

Leur inquiétude grandit encore au moment de l'apéritif quand leur père leur propose un Coca-Cola.

– René, vous ne devriez pas, lance Grand-Tante Marguerite, les boissons pétillantes sont mauvaises pour la santé des enfants, n'est-ce pas, et spécialement cette affreuse chose américaine pleine de colorants, n'est-ce pas.

– Oh, ils n'en prennent que dans les grandes occasions, et nous voulons fêter dignement votre arrivée, ma tante.

– Hum, hum, grommelle Grand-Tante Marguerite, vous êtes chez vous, mon cher neveu.

Jeanne et Stéphane se regardent et se dépêchent de vider leur verre, craignant que leur père se laisse convaincre.

Chapitre 2

Pendant le repas la conversation de Grand-Tante Marguerite semble beaucoup intéresser Papa. Maman est un peu tendue et jette de temps en temps un regard inquiet vers ses enfants.

Tout à l'heure, Jeanne a voulu donner son avis au sujet des prochaines élections et Grand-Tante Marguerite lui a dit :
– Les enfants bien élevés ne se mêlent pas à la conversation des adultes, n'est-ce pas, ma petite Jeanne.

Alors Jeanne se tait. Stéphane aussi. Mais Jeanne se rend compte qu'il suit avec attention la conversation et aligne près de son verre de minuscules boulettes de pain. Il y en a déjà 23 et voilà qu'il en rajoute encore 2, coup sur coup. Qu'est-ce que ça veut dire ?

Maintenant il lui donne un coup de pied sous la table chaque fois qu'il ajoute une boulette.

Et soudain Jeanne comprend : dans chacune de ses phrases Grand-Tante Marguerite prononce au moins un "n'est-ce pas" et c'est cela que Stéphane est en train de compter.

Voilà enfin quelque chose de drôle dans cette sinistre journée ! Elle pouffe de rire dans sa serviette.

Après le dîner, Grand-Tante Marguerite se retire dans "sa" chambre.

Jeanne se brosse les dents dans la salle de bains. Tout à coup, elle imagine Grand-Tante Marguerite en train de lui dire qu'il faut brosser ses dents pendant trois minutes, qu'on ne laisse pas traîner le gant de toilette dans la baignoire, ni la serviette sur le tabouret, et qu'elle pourrait au moins refermer son tube de dentifrice !

Alors la rage la prend, elle ouvre le placard et jette toutes les serviettes par terre. Puis elle les piétine en criant tout bas :
– Grand-Tante Marguerite ! Grand-Tante Marguerite !…

Au bout de cinq minutes,
elle est toute rouge et échevelée
mais ça va mieux.

Pendant qu'elle range son désordre, elle entend ses parents, dans la cuisine :

– Elle est encore pire que quand j'étais enfant ! dit Maman. Je me demande vraiment pourquoi j'ai accepté qu'elle vienne…

– Allons, Michèle, n'exagère pas, c'est tout de même une femme extraordinaire. Quelle conversation, quelle intelligence ! Elle est vraiment très agréable !

– Agréable ? demande donc aux enfants ce qu'ils en pensent. J'ai bien peur qu'elle soit odieuse avec eux…

– Oh, il n'y en a que pour un mois !

– Tout un long mois, tu veux dire, soupire Maman.

Chapitre 3

Le lendemain matin, Jeanne est réveillée par Stéphane qui lui pince le nez :
– Allez, debout Scoubidou, Grand-Tante Machin t'attend à la cuisine pour ta première leçon de bonne éducation. J'ai déjà eu la mienne… Chacun son tour !

Oh non, ce n'est pas possible ! Jeanne avait oublié pendant la nuit cette grand-tante qui lui est tombée dessus avec ses bonnes manières.

En traînant les pieds, elle se dirige vers la cuisine. Mais ce qu'elle entend, en approchant, lui glace les os :

– Ma chère Michèle, élever un garçon n'est pas un problème, n'est-ce pas. De toute façon, ils font n'importe quoi et ça finit par s'arranger. Mais les filles, c'est une autre affaire, il faut les prendre dès la petite enfance, n'est-ce pas. Celle-ci est déjà bien gâtée, il est temps de réagir, n'est-ce pas.

Pas de doute, Jeanne sait qui est l'enfant gâtée. Et comment Grand-Tante Marguerite compte "réagir", elle ne l'entrevoit que trop bien.

Elle envisage un instant de faire sa valise. Mais pour aller où ? Et puis le matin,
comme ça, à jeun, c'est vraiment trop
dur...

Alors, tant pis, elle pousse la porte et
prend son ton le plus bébé pour dire :
— Bonjour, Grand-Tante Marguerite, as-tu
bien dormi ?

— Je te remercie... Mais tu pourrais dire
bonjour à ta mère, n'est-ce pas.
    Bon. Rien à faire, Jeanne n'aura jamais
10 sur 10 avec cette tante.

Chapitre 4

Lorsque Jeanne rentre de classe, ce soir-là, Maman est en train de faire sa valise et Papa remplit son gros cartable de dossiers.

– Que se passe-t-il, demande Jeanne, on part en voyage ? Ce n'est pourtant pas les vacances.

– Il n'est pas question de vacances, ma pauvre fille ! Papa est appelé d'urgence pour son travail, et il a absolument besoin de moi. Nous partons dans un quart d'heure pour Strasbourg. Grand-Tante Marguerite va vous garder. Nous serons de retour dans huit jours.

Oh non, ce n'est pas possible… Huit jours, seuls avec ce dragon ? Jeanne n'y survivra pas. Papa et Maman la retrouveront morte, c'est sûr. Et alors il sera trop tard pour pleurer.

En attendant, c'est elle qui éclate en sanglots, qui hurle, qui s'accroche à sa mère.
– Jeanne, ça suffit, tu n'es plus un bébé, n'est-ce pas, siffle Grand-Tante Marguerite qui vient de surgir dans le couloir. Va goûter et te mettre à tes devoirs, n'est-ce pas.

– Ma fille chérie, chuchote Maman, sois courageuse, ce n'est que pour une semaine. Je te téléphonerai tous les jours. Et si vous êtes sages, Stéphane et toi, nous vous rapporterons un cadeau.

Un cadeau ! Oser lui parler de cadeau alors que c'est de sa présence dont Jeanne a besoin. Vraiment, Maman ne comprend rien à rien !

Chapitre 5

Après le départ des parents, Jeanne sort son cahier de devoirs. Oh zut, c'est vrai, il faut revoir la table de 8, celle qu'elle n'arrive pas à retenir. Il faut aussi trouver deux synonymes de "détester". Et apprendre la leçon sur les fleuves. Commençons par les fleuves. Elle colorie longuement la Seine et la Loire. Elle s'attaque à la Garonne quand Grand-Tante Marguerite pénètre dans la pièce.

– Bien. À nous deux, ma petite Jeanne. Je vais enfin pouvoir m'occuper de toi tranquillement, n'est-ce pas.

Jeanne espérait que Grand-Tante Marguerite ne s'intéresserait pas à ses devoirs. Eh bien, c'est raté !

– Qu'est-ce que c'est que ce coloriage ? C'est tout ce que tu as fait depuis tout à l'heure ? Où la Seine prend-elle sa source, n'est-ce pas ? Quelle est sa longueur ? C'est cela qu'il faut apprendre, n'est-ce pas. Tu auras toujours le temps de colorier après... Qu'as-tu à faire, en dehors de cela ? Trouver deux synonymes de "détester" ? Ça, je pense que tu le sais, n'est-ce pas !

– Je connais "haïr".

– Il y en a plusieurs autres, par exemple "a...", "ab..."

– Abattre !

– Mais non, petite sotte : A-B-H-O-R-R-E-R...
Pour le retenir, tu le copieras trois fois,
avec sa définition, n'est-ce pas. Je reviens
dans cinq minutes et j'en profiterai pour
t'interroger sur les tables de 6, de 7 et de 8,
n'est-ce pas.
– Mais nous n'avons que la table de 8 à
revoir.
– Si tu connais celle de 8, tu dois bien
savoir aussi celles de 6 et de 7, n'est-ce
pas...

Une demi-heure après, les fleuves sont à peu près sus. Avec de gros soupirs Jeanne chantonne la table de 8, dans l'ordre et dans le désordre.

– Bon, ça suffit pour les multiplications. Je trouve que tu n'as vraiment pas beaucoup de devoirs. Tiens, tu vas me faire ces deux divisions, n'est-ce pas.

– Mais, Grand-Tante Marguerite, je suis en CE2, je n'ai pas encore appris les divisions. Nous en sommes aux multiplications à trous…

– Multiplications à trous ! Voilà où en est l'école d'aujourd'hui : enseigner des trous ! C'est inconcevable, n'est-ce pas ! Eh bien, dès demain soir, je te l'apprendrai, moi, la division.

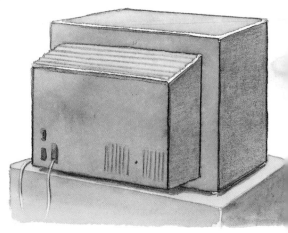

En attendant cette épreuve, Jeanne décide de se détendre. Elle se laisse tomber sur le canapé et allume la télé. C'est un dessin animé, elle adore.

– Ah non, Jeanne, il n'y aura pas de télévision dans cette maison tant que je serai là. Éventuellement, s'il y a un programme documentaire instructif, nous aviserons. Prends plutôt un dictionnaire ou un atlas, ce sera tout aussi amusant.

Un dictionnaire, ah non alors, plutôt mourir ! À tous les coups "on" lui ferait réciter l'alphabet…

Jeanne se réfugie dans les W.C. avec un bon vieil Astérix. Avant de sortir, elle le camoufle soigneusement derrière le meuble aux produits d'entretien. (Au revoir Astérix, quand Jeanne en aura par-dessus la tête, elle viendra te retrouver…)

Chapitre 6

Ce soir-là, l'humeur est sombre dans la chambre des enfants.

– Alors, toujours aussi chouette, la G.T.M. ? grogne Stéphane.

– G.T.M., c'est quoi, ça ? réfléchit Jeanne. Tu sais bien que je n'y connais rien en voitures.

– Ah, ah… ce n'est pas une voiture, espèce de banane ! G : Grand, T : Tante, M : Marguerite… G.T.M., l'enquiquineuse supersonique !

– G.T.M., oh oui, super ! Remarque pour ce qui est d'enquiquiner quelqu'un, je suis plutôt servie. Toi, elle te laisse tranquille.

– Tu parles ! Elle m'ignore complètement, je suis transparent ! Les filles, gna gni, les filles, gna gna… Mais les garçons, ça n'existe pas. Je crois que je préférerais encore des leçons de morale.

– Eh bien, mon vieux, je te laisserais volontiers ma place.

Les deux jours suivants (dont un interminable mercredi) Jeanne subit son supplice avec un courage faiblissant.

G.T.M. ne la lâche pas d'une semelle. Le programme est vaste car une jeune fille bien élevée (n'est-ce pas) doit se montrer une bonne ménagère, être intelligente et cultivée et avoir de bonnes manières.

Alors tout y passe : du lit à aérer
trente minutes tous les matins
(il fait -10° dehors,
mais tant pis),

au piano qu'il faut couvrir de gammes
pendant au moins une heure
chaque soir,

en passant par les lectures
instructives que G.T.M. a achetées
spécialement (*la vie quotidienne
des fourmis* en 350 pages, avec schémas).

Bien entendu, les B.D. ont été mises sous clé. (Coucou, Astérix, ne bouge pas, elle ne t'a pas découvert…).

Jeanne n'en peut plus, elle sent qu'elle va craquer.

Et c'est alors qu'elle retrouve le cahier que sa copine Sophie lui a offert pour Noël. Un joli cahier épais, avec une belle couverture de cuir rouge et de belles pages blanches bordées d'un filet d'or.

Alors Jeanne profite d'un moment où G.T.M. est sortie faire une course. Elle prend le stylo à plume — cadeau de son parrain — et ouvre le cahier rouge. Elle écrit la date en haut, à droite, puis elle s'applique :

> *"Grand-Tante Marguerite,*
> *tu n'es qu'une peau de vache.*
> *G.T.M. je te déteste, je t'abhorre, je te hais.*
> *Je te hais. Je te hais.*
> *JE TE HAIS."*

> 24 janvier
>
> Grand-Tante
> Marguerite,
> tu n'es qu'une
> peau de vache.
> G.T.M. je te déteste,
> je t'abhorre, je te
> hais. Je te hais.
> Je te hais.
>
> JE TE HAIS.

Chapitre 7

Voir sa belle écriture, sur la belle page blanche, avec ces mots affreux, ça lui fait un bien fou ! Elle rajoute quelques points d'exclamation puis referme le cahier, soulagée.

Maintenant, il faut trouver une cachette, il ne s'agirait pas que G.T.M. tombe sur le cahier !... Après quelques hésitations, Jeanne se décide pour le tiroir du bureau de Papa, celui qui ferme à clé. Elle n'aura qu'à emporter la clé.

Le soir, au moment de se coucher, elle ressort le cahier, relit avec délectation cette première page, et camoufle le cahier sous son oreiller pour la nuit (Stéphane n'a pas besoin d'être au courant).

Le lendemain matin, huit heures cinq !
Le réveil n'a pas sonné. Catastrophe !
Jeanne et Stéphane bondissent du lit
comme des fous et quittent la maison au
galop.

Jeanne court sans s'arrêter jusqu'à
l'école et arrive quand la sonnerie retentit.
Elle est assez contente de son exploit.

Ce n'est qu'en ouvrant son cahier de
classe qu'elle se souvient : horreur, le
cahier rouge est resté sous l'oreiller !
G.T.M. va le trouver.

Alors, quelle colère ! Elle va hurler, la punir, l'enfermer dans le débarras, la frapper avec un fouet, peut-être, comme dans *Les malheurs de Sophie*…

Jeanne passe une journée affreuse, à chercher des solutions. Mais que faire quand on n'a que huit ans et qu'on est presque orpheline ? Que faire, sinon attendre le soir. Et le châtiment.

Chapitre 8

À quatre heures et demie Jeanne sort la dernière de la classe. Dans la rue, elle marche le plus lentement possible, elle s'arrête à toutes les vitrines, elle observe longuement les pigeons, les voitures, les piétons...

Mais elle finit par arriver chez elle. Elle ouvre la porte. Peut-être G.T.M. n'est-elle pas là... Elle est peut-être sortie, pour acheter le fouet... Ce serait toujours un moment de gagné.

Mais non, elle est là, assise dans la cuisine. Jeanne ne voit que son dos, voûté et, sur la table... le cahier rouge !

Au secours !... Mais, bon, s'il faut être battue, autant en finir tout de suite.

Jeanne s'avance, G.T.M. se retourne :
– Jeanne, ma chère enfant, je t'attendais. J'ai trouvé ton cahier. Et j'ai beaucoup réfléchi, n'est-ce pas. Assieds-toi, il faut que je te raconte une histoire.

Une histoire ? Jeanne ne s'attendait pas à ça. G.T.M. reprend :
– Ma mère est morte lorsque j'avais deux ans, n'est-ce pas. Et mon père s'est remarié. Ma belle-mère ne m'aimait pas, elle me maltraitait, me battait. J'étais très malheureuse, n'est-ce pas. Alors j'ai commencé à écrire un journal, comme toi. Et sur la première page, j'ai écrit "Mère, je vous déteste, je vous abhorre, je vous hais". Alors, ce matin, n'est-ce pas, quand j'ai lu ton cahier, j'ai reçu un choc... Mais vois-tu, moi, c'est différent, parce que je t'aime... J'ai décidé de ne plus m'occuper de ce qui ne me regarde pas, n'est-ce pas. Je te promets de ne plus me mêler de ton éducation, n'est-ce pas. C'est à tes parents de le faire...

Jeanne a les larmes aux yeux. Elle a honte de ce qu'elle a écrit. Elle se jette dans les bras de G.T.M. et murmure :

– Tu sais, Grand-Tante Marguerite, ce n'est pas vrai que je te déteste.

– Je sais, ma chérie, n'en parlons plus… Tiens, appelle-moi donc Marguerite, ce sera plus simple, n'est-ce pas… Et si je me mêle de t'éduquer, tu n'auras qu'à me dire : "G.T.M., attention !" ce sera notre mot de passe…

Et, pour fêter ce traité de paix, Grand-Tante Marguerite invite les enfants au restaurant.

Jeanne s'amuse bien de l'air ahuri de Stéphane qui ne comprend rien aux changements qu'il observe.

C'est au milieu du repas qu'il est le plus surpris : Jeanne vient d'attraper une frite avec les doigts et de la fourrer dans sa bouche. Grand-Tante Marguerite commence un reproche :

– Ma petite Jeanne, n'est-ce pas, utilise ta fourchette, s'il te plaît…

– G.T.M., attention !… réplique Jeanne avec un grand sourire.

«Elle est complètement folle, se dit Stéphane, ça va barder !»

Mais ça ne barde pas, Grand-Tante Marguerite rend son sourire à Jeanne et lui fait un clin d'œil.

Puis elle se tourne vers Stéphane
et lui sourit également.
Maintenant qu'elle ne veut plus
éduquer personne, elle semble découvrir
que les garçons, eux aussi,
peuvent être intéressants !

Vincenzo Bona, Turin - 12-1993
Flammarion et Cie, éditeur (N°17523) - Dépôt légal : janvier 1994
Loi n° 49-956 du 16 juillet 1949 sur les publications destinées à la jeunesse